# 고요 이야기

# 고요 이야기

손진은 시집

문학의전당

| 시인의 말 |

먼지 앉은 말들을 하나씩 닦아 널어놓고 보니
유독 '사물시편'이 많이 눈에 들어온다.
그랬구나. 그동안 나는 사물의 말을 듣고,
말들에 생기를 입히려 버둥거렸구나.
가객이 모든 레파토리를 다 부르다 갈 수야 없지 않은가.
앞으로도 눈치 보지 않고 사물과 언어를 또록또록 눈뜨게 하는 일에
나를 녹여 부어야겠다는 생각이 든다.

평생 '나'를 눈에 넣고 사시다가, 하늘로 이사 가신 어머니께 이 시집을 바친다.

2011년 봄
손진은

| 차례 |

## 1부

13 | 별의 잠
14 | 만두—시를 위하여
16 | 유쾌한 검객—소나무
18 | 수국
20 | 나의 잘 나오지 않는 볼펜
22 | 숙영식당
24 | 중년
26 | 봄동배추를 씹을 때
28 | 나무의 후손
30 | 길
32 | 고요 이야기
34 | 고요, 격렬한—내 발 앞의 배추벌레
36 | 포도들

## 2부

41 | 소리를 담다
44 | 진주 목걸이
46 | 항아리에 바친 산
48 | 어떤 부활
50 | 벌게진 귀
52 | 섭섭한 집―빠지는 발톱의 목소리로
54 | 누에들
56 | 가을 사과나무의 말
58 | 학교 주차장의 꽃들
60 | 덩굴들
62 | 뱀
64 | 두 채의 음악―석가탑과 다보탑
66 | 저 바케스
68 | 사과나무 음악회
70 | 푸른 눈들

## 3부

73 ㅣ 영덕 복사꽃
74 ㅣ 복사꽃 그녀
76 ㅣ 해바라기
78 ㅣ 목련 1
80 ㅣ 목련 2
82 ㅣ 목련 3
84 ㅣ 산수국
86 ㅣ 항해
88 ㅣ 거미집
90 ㅣ 어떤 예배
92 ㅣ 콩나물
94 ㅣ 말을 내다 걸다
96 ㅣ 밤, 배롱나무
98 ㅣ 불 먹이는 밤―대금
100 ㅣ 사랑

## 4부

105 ｜ 발자국은 때로 얼마나 징그러운가
106 ｜ 무덤은 시간을 넘는다
108 ｜ 지금도 어느 물기 머금은 눈이 나를 보고 계신다
110 ｜ 계단의 깊이
112 ｜ 악어새에 관한 명상
114 ｜ 그 절간 앞의 와송臥松
116 ｜ 휘둥그레진 눈
117 ｜ 대흥사 입구
118 ｜ 성
120 ｜ 언제나 네 살배기인 봄
122 ｜ 어떤 유모
124 ｜ 폭설
126 ｜ 질투
128 ｜ 닭과 모란

해설_이승하
131 ｜ 고요함 속에서 생명을 키우는 것들

# 1부

# 별의 잠


책장을 열자 누가 끼워놓은 납작한 구절초

꽃판 뒤에 깃들었던 점 같은 벌레들

느리게 흩어진다 저마다의 추억을 끌고

밤하늘에 뜬 잔별 같다

다음날 보니 그들은 잠들었다

하늘이 품어 기르는, 바람이 스치면 뒤척일 것 같은

맑고 착한 별의 순한 잠

숨결이 배어져 나올 듯하다

먼 조상이며 새끼 목숨이라는 말이 후욱, 내 가슴 골짜기에 번져간다

# 만두
―시를 위하여

나는 속이 어른어른 비치는 만두를 좋아한다
모양을 빚기도 전에 굳어버린 반죽,
너무 많은 재료를 쑤셔 넣어
속살 터진 건 재미가 덜하지
햇볕에도 그늘에도 쉬 속을 보이지 않는
피를 한 입 베어 물면
으깨진 재료들이
차려놓은 오늘의 식탁이 보인다

제 살 닳아버린 줄도 모르고
해와 달, 다른 데서 온 낯선 것들이
둥글게 부풀어 숨죽이는
그 고통과 설렘이 살짝 익은 것이
만두에는 들어 있어야 한다
한 입에 쏙 들어가지만
아까워 단숨에 먹지 못하거나
먹고 난 뒤에도 입속에 가슴속에
열두 광주리의 풀무로 부풀어오는 것

잘 빚어진 것 같지만
다른 이가 배달한 숨도 죽지 않은 재료를 잔뜩 넣은 얼굴
만두는 그런 게 아니지
해와 달 그림자와 이슬,
천천히 그들 키운 것들의 상처와 고통, 한숨도
둥글게 아름작거리는 마음의 형상
마침내 난 꿈꾸지
여백 깊은 쟁반 하나가 회동그라니 받쳐든
지구라는 부푼 만두 하나를

## 유쾌한 검객
―소나무

바람에 흔들릴 때마다
뾰족한 잎사귀로 공기의 허파며 가슴패기를 쿡, 쿠국
찔렀다 뺐다 한다
저 끝없는 난자, 그러나
칼이 오기 전 먼저 터지고 싶은
공기의 맨살들 내장들
어느 자객이
저 바늘 검보다 더 빨리 더 유쾌하게
공기의 팔과 다리, 배를
베었다 감쪽같이 다시 붙여놓을 수 있을까
공기의 피를 마시고
뚝, 뚜두둑,
한가하게 허리둘레와 키를 늘이는,
그러면서도 피의 굳기름 파리 떼가 아니라
속삭이는 향기의 꽃 솔솔 뿌리는
푸른 눈의 저 무사武士를 보아라
가까이 가기만 해도
출렁거리는 피톨의

가는 빛과 그늘을 목덜미에 가지런히 뿌려대는
참빗학교의 창설자
그 푸른 피로 어린 새들 구름 떼 날게 하고
양팔 벌려 쏴쏴 비와 빛줄기 부르고
연신 토실토실한 벌레를 키우는

## 수국

내가 아는 한 작은 식물은
도무지 꽃대에서 무슨 색이 올라올지 모르지
부지런한 수액의 발걸음 따라
연두에서 노랑 다시 연분홍에서 보라까지
알 수 없는 노래의 깨어남
그 꽃 보러 나선 길
차를 내리기도 전에 들끓는 내 생각의 염료, 그러나
그 수줍은 어린 것들은
뛰어나와 반길 생각도 못하지
대신 줄기와 흙의 오랜 작업대 위에서 짙어진
어떤 날개가
춤을 추며 내 눈 주위로 막, 날아오르지
줄기가 흙을 잡고
제 고유의 말을 대기 속으로 흘려보낼 때
햇살 바람 속에 도취한 듯
흔들리며 출렁이는 그 말들이
내 생의 낱알과 배열을 다 바꾸어놓는다네
삶이란 공기 결에 써놓고 간 영혼의 흔적이라는 듯

보얀 목덜미에 놓인
머플러 같은 꽃
가장 달콤하고 가장 애잔한 빛으로
빛과 그늘의 둘레 물들이며
피었다 지는 소녀들의 매력

## 나의 잘 나오지 않는 볼펜

번지는 이 푸른 수액은
한 번씩 나왔다 안 나왔다 한다
눈두덩이 젖었다 말랐다 한다
비 오다 햇살 쟁쟁 내리붓는 일기처럼
수만 산 것들이 볼볼볼 춤추는 뻘을
때 되면 다시 거둬가는 썰물처럼
나는 후둑후둑 푸른 줄기를 막 사각대다가도
미개지를 그러안는다 제법 나무가 자라고

물고기도 몇 마리 키웠다고 생각하면 느닷없이
어찌 네 음성만 내뱉느냐
눈 부릅뜨고 꾸짖는 여백의 음성
새어나오기만 하는 누선淚腺들을 어찌 믿겠느냐는 듯
내 몸이 한 번씩 머뭇대는 황홀한 곳간

방금 기다리라는 신호가 왔다
물속 담방거리며 가던 내 심장은
눈부신 허공의 배꼽,

그 숨소릴 듣느라 두근대기 시작한다

걸어보지 않은 길 위에 나는 멈춰서 있다
버릴 수 없는 볼펜이라는 생生을 들고

# 숙영식딩

늦점심 후 마루끝, 구두끈 매다
문득 차양을 뛰어다니는 빗소릴 듣네
석류꽃 가지 반쯤 가린 간판
'ㅡ'가 떨어져나간 '숙영식딩'에
어룽어룽 빗방울들, 매달리네
천마총 돌담길 오십 년도 넘게 지킨 밥집
다홍치마 숙영 할머닌
여직 그 흰 손으로 푸성귀 씻고 있고
안쪽 방 벽에는
안강전투에서 전사했다는,
광대뼈가 나온 사내 무겁게 훈장 매단 채
그녀 쪽을 인자한 웃음으로 건너다보네
숙영식딩, 푸른 아크릴 간판이 희멀건 색으로 바래는 동안
비바람 햇살 벌 떼처럼 갉아대도
그리움은 딩, 딩, 덩더웅 딩,
가야금 청줄로 울리고 있다는 거네
석류, 가늘게 떨리는 잎새에 얹힌 가슴처럼
그야말로 숙영式 '딩'이네

아까부터 작은 몸집의 저 새는
스렁스렁 신발 끄는 소리로 크는 석류꽃 봉오리에게 장가라도 들려는지
가지 그늘에 쉴 새 없이 들락거리고
나는 반백 년을 은핫물처럼
하늘에, 우물에 흘렀을 그 '영원'을 떠올려보는 건데
유복자일까, 중년의 계산대 아들에게 물어보아도
그는 넉살 좋은 웃음만 덤으로 끼얹어준다네

# 중년

열쇠를 돌리는데 시동이 걸리지 않는다
문득 등을 끄지 않은 채 차에서 내린 간밤의 기억이
몰려온다 낭패, 눈꺼풀도 내리지 않고
정신없이 꿈속을 헤매는 사이 핏기를 잃어버린 내 눈알
어떤 것에 뒤집혀 긴 밤 긴 생을
후들거리는 다리와 텅 비어가는 머리도 모른 채
내 헤드라이트는 발광했을 것이다
무언가에 홀려 뚫어지게 바라보는 동안
계절은 가고 주름살은 깊어졌고 흰 머리는
늘어났다 어디로 갔는가 철철 넘치던 팔뚝의 푸른 힘줄은
전류처럼 터져 나오던 생기, 머릿속을 흐르던 생각은
어느 허공으로 날아가 버리고
까칠하고 초췌해진 몸뚱이로 내 앞에 쪼그리고 앉았는가
어저께까지도 명품이라고 믿었는데
눈꺼풀 한번 들었다 내려놓는 사이
어떤 것에 취해 이렇게 떠밀려온
두드려도 가없는 무슨 소리만 내고 있는

중년을 일으키러 저기, 정비기사가 달려온다
또 하나의 몸이 부끄러운 듯 마중하러 간다

## 봄동배추를 씹을 때


봄동배추를 씹을 때
바스락거리는 건 어린 추위들의 연둣빛 마음
세상 어느 것과 비교도 안 되는 그
단 맛 우물거릴 때 입안에서 파들거리는 건
발전소처럼 윙윙거리는 바람 떼거나 한 밤,
가슴에 끌어당겼을 먼 마을 불빛, 잔기침처럼 쏘아올린 별들
그건 또 슬픔과 두려움, 놀람과 상쾌 같은
육체의 서랍 속에 있던 감각들
버려진 밭자락에서 뽑아온
오소소 잎맥에 돋은 소름 혀끝에 만져지는
파리한 배추 답사 온 일행과 함께 씹을 때
입안에서 잘게 부서지는 그 엽록소 속엔
가르릉대는 어린 추위들과 싸우다
마침내 순해진 고 짐승 어여 와 어여 와! 손주이듯
다독이는 할머니의 다정 같은 게 들어 있다
구체적으로 부서지면서 배추는
그 연둣빛 마음을 씹는 이들 내장에

핏줄 속에 심는다, 하여
입술에 묻은 쌈장 쓱 닦으면서 우리는
바스락거리는 생 하나를 들고 나오는 것이다
마치 장바구니이기나 하듯!

## 나무의 후손

손금을 가만히 들여다보면
인류의 조상은 나무였다는 생각이 든다
우글우글한 누대의 흰뿌리 퍼올려 낳는 잎맥들
어머니 나무에서 나온 한 그루
나의 씨앗에서 싹튼 어린 몸에 나부끼는
잎맥이 하, 신기하게도 닮았다
그렇지 않고서야 TV 속 이산가족들 하나같이
주름진 잎맥들만 연신 부벼쌓겠는가
도시보다 도시가 낳은 골목보다 더 조밀한
잎맥들 낱낱의 손금에 흐르는 강물이란
무수한 가계家系를 흐르다 불쑥 못 보던 줄기를 치는 것
 점심 후 도심 산길, 가지 새로 흘러내리는 햇살 온몸에 창자에 감다 보면
 제 푸르던 생 노랗고 빨갛게 물들이다 나무들
잎새를 무덤처럼 쌓아둔 채 저 생으로 몸을 밀 때는
별무리가 된다는 생각이 든다
그렇지 않고서야 밤마다 먼 별들의 강숲에서
글썽이는 눈시울들이 어린 잎자루를 반짝이며 닦아쌓겠는가

하여 잠시 빠져나왔던 일터의 공기 떠올릴 때도
어느새 내 핏줄을 포위하는,
제 맥박들이 세상을 다 밀어버리는 것도 모르는 잎맥의 흔들림!
그래, 나는 잘못 진화된 나무가 낳은 자동차 충혈된 힘줄이 스멀대는
마른 나무들의 분지를
잎새에 스치는 바람이듯
바스락거리는 잎새들이 밟히는 사원이듯 성큼,
다시 들어서곤 하는 것이다

# 길


한겨울 어린 보리는
자신의 몸 파고드는 추위 밀어내느라
나사처럼 돌려 잎맥 내민다고 한다
하늘에서 내려오는 눈이며 서릿발 같은 것들
들어올리느라 머리와 몸 비틀며 키를 늘인다고 한다
그 때문에 들뜬 그의 발 한번 눌러주는 게 보리밟기다
그러다 좀 더 자란 보리는,
살얼음 칼날추위와 눈을
살살 어르며 그들 내려온 길까지 잎사귀에 꼭꼭 채울 줄도
우산 만들어 빗방울 튕길 줄도 안다
사람들 다 잠든 밤에도 통통 몸 흔들어
제 생각 키우는 보리를 보아라
푸르게 일렁이며
하늘의 것들 다스리는 보리가
바늘 같은 까스러기를 다는 건
순해진 그들과의
까슬까슬한 추억 때문이다
그의 가슴속에서 노고지리가 솟구치는 것도

눈과 얼음, 달과 비바람의 행로를 하늘 속으로 풀어놓기 위함이다
그리곤 가는 허리 황홀하게 흔들며
제 길을 간다
몸속은 비운 채
머리에는 새털구름도 몇 거느린 채

## 고요 이야기

감자를 캐는 밭
벼논을 향해 집개가 짖는다
팔월 벼 자라는 소리에
개가 아는 체한다는 곁의 어머니 말씀
그 고요와 사랑이 만들어내는
소란의 맨얼굴을
나보담도, 줄기를 끌어당길 때마다
숨겨진 얼굴들 속속 딸려 나오는 걸 솔깃해 하는 나보담도
멍청하게 먼 곳만 쳐다보는 듯한 네가 더 잘 알고 있다니
늙은 개가 짖어댄다
몇 바지게씩의 뜨건
햇살 경전에 몸 파랗게 칠하며
끙끙 아랫도리 힘줄 때 내는
벼들 성장의 신음에 개가 서늘히 내통하고 있다
저 잎잎마다 들썩이는 푸른 투정들 위에
그의 발등 간질이는 자잘한 음절들을 더하고 있다
그 내통에서 밀려나 있는 내 뒤틀란
심사를 안다는 듯이

한 번씩 내 쪽도 봐가면서
흩어지는 푸른 음절로 내 심장을 긁어대고 있다
그 소린 마침내 감자를 파헤치는 호미로 손등 긁어
감춰둔 내 붉은 몇 소절의 노래 흙살에 섞게 하고
무슨 생각하는 게야
어머니 안쓰런 눈빛이 벌게진 내 손등을 쓰다듬고서야
개와 벼, 아참, 어머니까지 거들어 만드는 그 풍경에 겨우
바짓단 걷고 들어갈 수 있었던가
팔월 나락밭을 개가 짖는다
들판 흔들고 하늘 자잘하게 부수는 그 소릴 먹으며
나락은 절정의 생 흔들며 자란다
살을 데우는 팔월의 대낮이 만드는 고요의 허파 속에선
개들도 벼들의 노랠 들을 줄 안다

## 고요, 격렬한
ㅡ내 발 앞의 배추벌레


꼼작 않고 죽은 체하는
한 마리의 고요를 본다

공기들을 일순 긴장시키며
물질이 된 놈의 태연

한낮의 정적과 바람 햇살을
상처로 덮은 채
놈은 격렬하게 떨고 있을 것이다
(마음이 있다면 금 갔을 것이다)

몸뚱이 온통 귀로 만든
저 번지는 선들의 소용돌이
무정부주의자처럼 흔드는 섬모들

허나 웬걸
겁먹은 마음 같은 건 놔둔 채
전신으로 빛과 그늘 대기와 어울리는

저 몸속,
타고 있는 불의 싹들

몇 칸의 열린 창窓으로
나뭇잎들의 옷자락이
초록을 헹구러 다가서다!
뒤이어 구름도 몇……

직물처럼 짜인 고요의 허벅지 슬쩍 당겨
한 줄에 꿴 꿈틀 산맥
앞의 그늘 휙 돌아보며 가로질러 간다

말들은 품은 채
땅 쥐었다 놓았다
하늘 당겼다 놓았다 하면서

내 몸속 창窓엔
우르릉 쾅쾅 천둥소리도 쑤셔 박으면서

## 포도들


뿌우연 지붕은 누가 달아달라고 했나?
게슴츠레한 눈으로 종일 하품 해대며
물방울로 맺히는 햇빛에 밀사들은 게으른 머릴 굴려본다
잎새 뒤에서 칙, 담배 물고 달님 아씨 불러내던 건달의 시절은 갔다
갈기 구름 아래 어슬렁거리며 햇살 낚아채던 흡반 뇌관들
장대비에 두개골 후두둑 깨지고 싶던 폭풍의 나날도 다 옛일
우아하게 분사되는 스프링클러가 빗방울 대신 발가락 간질일 때
분을 만들려 다가오는 여린 눈썹의 안개를 껴안지 못해 거북하다
달빛과 벌레울음이 단물 밀어 넣던 그때가 그리운
밀사들은 이제 별수 없이 수인이 다 돼간다
분을 묻힌 하품들이 실려 간다 저 하품을 잘 익었다고
푸푸 추억을 내뱉는 입술은 또 무언가?
포개진 칸칸에 앉은
출옥수가 왜 저리 심드렁한가?

먼 데 하늘이 알알이 들어와 박힌다는 어느 시인의 구절은 수정되어야 한다
저 팅팅 불은 우울의 안구 앞에서

2부

## 소리를 담다


아파트에서 분황사까진 오륙백 미터,
잠 안 오는 새벽 서너 시쯤에는
그 절집 종소리를 듣는다

행자行者처럼
피를 퍼주고
살은 내주면서
건너가는 한 사내의 발걸음

나는 한 번씩
그의 어깨와
가슴을 생각하고 있었다

모전석탑 감실의 금강역사도
잠시 치켜든 팔을
내린 채 손을 모을 것이다

박물관 목 없는 불상, 그 성골聖骨의 어깨들도

나뭇잎도
개망초, 드러난 종아리도 담장 키 작은 풀들도
뿌리는 화엄華嚴을 가만히 껴안으며
살이 오르리라

나는
나직이 든 이마로 입김을 받고 있는
가지런한 처마들과
숨결 따라 몸을 흔드는
잠 깬 별들의 눈길을 생각하고 있었다

내 시린
갈비뼈의 어둠에서 빠져나온 듯한
초승달도
은잔銀盞으로 담느라 부산할 것이다

제 몸을 쳐서 출가出家시키는 가슴
저리 퍼주고도

깊어지는
어떤 生

## 진주 목걸이
— 네 목의 구슬 한 꿰미로 내 마음을 다 빼앗았구나 (아가 4장 9절)


목걸이라니요 제가 무슨 목걸이를 했다고, 언젠가 당신은 잔 구슬 찰랑거리는 제 목걸이를 보시곤 나무라셨지요, 겉멋 부린다고

그 후 저는 저자를 떠나 항구로 산골로 떠돌았습니다 이제 매운 해풍에 오징어 널어 말리고 밭에 씨 뿌리는 아낙이 다 됐는데 햇살 알갱이 빠져나간 목 언저리엔 보리 까끄라기 같은 것들로 따끔거리는데 불쑥 맑은 물소리처럼 메아리처럼, "네 목의 진주 구슬 한 꿰미로 마음을 다 빼앗겼다" 하시네요, 당신이

리어카를 밀거나 골목길 쓸 때, 배추 잎을 여미거나 눈길 치울 때 그 숨과 붉은 가슴들이 초저녁 새 별 돋듯 한 알씩 꿰여 눈을 부시게 한다고, 조곤조곤 가당찮은 말씀을 하시곤 함께 가자고, 항구와 광야와 산꼭대기에서 사막의 길에서 내려오라 하십니다 당신은

보이지도 만져지지도 않는 그 목걸이, 따라가지도 않겠지만

이제 와서 먼 길에서 얻는 진주 이야기는 왜 하셔서 고요하던
제 마음은 또 흔들어놓으셔요

# 항아리에 바친 산

저것은 숲의 요약
수천수만 나무들이 그들 생애를 티로 재로 소진시키면서
저 빛나는 맨살을 만들었던 것
일어서다 쿵 스러지고 또 일어서는 교목의 관절들
마침내 물기 고이고 떨리며 스며 나오는 숨들
괴롭게 삼키면서 아궁이는 또 알처럼 저 살들을 낳았던 것

박물관 북적이는 인파들 사이
유리칸 위 몇 줄씩 우아하게 전시된 저 항아리들 지나칠 때마다 내 마음은
나무들의 푸른 눈동자와 설레는 잎들
어슬렁거리는 멧돼지와 일어서는 여우
계곡의 물소리와 저무는 노을을 다 가진
선사 이래 첩첩의 산들이
인당수에 몸을 던진 청이처럼
저 작은 자루 속에 첨벙첨벙 몸 적시고 살 녹여 잔잔하게 요약되는 걸 보는 것이다

가끔 항아리 잘 칠해진 유약 앞에서
귀를 내밀어
그 애잔한 산의 몇 움큼이라도 뽑아보려지만
한번 걸린 산은 저 촘촘한 올 영영 빠져나올 수 없는 것인가

수백수천 년 이 땅의 산과 계곡을 다 삼키고도
시침 떼며 저 연한 자태만을 뽐내는
주둥이 좁고 동그란 자루들 앞을 서성일 수밖에 없는 것인가
영 떼먹기로 작정한 빚쟁이 앞에서처럼

# 어떤 부활

고향집 잿더미 옆
담 구멍 숭숭 뚫린 변소
내 발밑에서 그들은 올라오고 있었다

발효 단지의 비탈을 한 놈이 떨어지면
다음 놈이 기어오르는 저 끔찍한 집요함에
제법 느긋이 신문을 보는 내 한 눈이 미끄러져 내려간다

저 뻘가의 자식들은
냄새가 무언지도 모른다
더욱 제가 옮긴다는 더러운 병명病名도

하지만 단지의 급경사면에서
오동통한 가슴과 뱃가죽으로
떼를 지어 출렁거리는 몸놀림은 천의 강물 같다

아니다 그건 비유의 대상이 아니다
비유가 떠오르기 전에도 그들은 이미

꿈틀거리고 있었다 올라가다 떨어지고 다시 올라오는
꿈틀거림이 주름 많은 몸에 금을 만든다

마침내 그들은 제 무덤 뚫고
젖은 날개를 턴다
항공학교도 나오지 않은 것들이
기압도 모르는 것들이 빙글빙글 돌며
햇살이며 공기 바람과도 금세 친해진다
제법 연한 그늘도 흩뿌려댄다

우화하지 못하는 나는 배알이 틀려
아직도 놈들이 더럽다는 선입견의 몸뚱이에 깔려
뾰루퉁해진 입으로 이 글을 쓴다

사실 처음 그곳에 앉았을 때
내 시는 아래 행으로 시작되고 있었다

놈들은 시시포스를 연상시킨다

# 벌게진 귀

이런 무안이 어디 있는가
잘린 둥치일 뿐인데
등뼈 휘어진 가여운 목숨일 뿐인데
옥수수 파 콩을 심은 밭 둘레
바람이며 개 고양이 막으라고
어깨동무하고 허리 껴안은 채 이마에는 나일론 띠 두른 채
발목 오그린 싸릿대일 뿐인데 느닷없는 가려움으로
한 줄 말씀처럼 찔끔,
설레던 공기를 밀어내며
하늘 뽈질하는 벌건 귀가 돋으니
나 불쑥 다른 길에 들어서 버린 것가
꺼멓게 말라가며 징역인 듯 잠인 듯 서 있으려 했는데
햇빛 달빛 끄댕이와도 몰래 눈 맞춘 적 없는데
갇혀 지내던 몸이 시방 제 안의 달디단 바람을 일으킨 것가
끊긴 핏줄이며 근육이 올라붙은 흙더미와 내통이라도 한 것가
허옇게 센 귀밑머릴 뚫고
웬 화끈거리는 깃발은 흔들어대나 말이지

모르게 붉어진 눈시울에 먼 하늘 담아 들고
　뻘쯤히 커버린 키와 뜨건 알처럼 슬어놓을 흰꽃 그늘까지 퍼덕이며
　저승꽃 늘어나는 옆 친구들 텃밭 속 주인들
　쏘아볼 눈빛 어떻게 견디란 것가
　사지를 빳빳하게 발기시키는 흙살의 수작이 허, 미운 봄이다

## 섭섭한 집
— 빠지는 발톱의 목소리로


아팠지만 표시 낼 수 없었다
죄인처럼 머리를 조아리고 있어야 했다
어디 닿기만 해도
저들 몸의 뿌리 뽑는다고
쏘아대는 세포들 눈흘김 사이에서
애써 무안을 태연으로 가장하면서
날아가는 무덤이라도 되고 싶은 몸 꾹꾹 눌렀다
그때마다 내 마음 구석구석 퍼져나가는 어둠을 봐
들려? 이 고름의 종소리
너희들 위에 거북등처럼 얹힌 줄 알겠지만
말해줄까, 핏빛 숨긴 이 살이 내 몸의 향기임을
내 삭아가는 살집에 주둥일 대고
깨고 나올 너희들,
밀어내는 만큼만 밀려날 테니까
이야기하진 않겠다
길 위의 이슬과 먼지, 해와 별 당기고
그만큼의 적막과 고요 다져넣으며 건너온 누런 각질의 내 삶

공화국이 몇 번 바뀌도록
가계를 꾸려온,
이제사 겨우 동물 같은 세월 털어버리고
한숨 돌리려는 이 애비의 그늘을
하여 나 즐겨 시들어가리니
그러면 복병처럼 돋아날 너희들
하얗게 바랜 잠에서 덜 깬 내 오장육부를 뚫고 올라오렴,
꺼먼 그림자 몇 남긴 채
푸석한 서까래로 떨어질 테니, 내 새끼들아

## 누에들

그 집에 들어서면
문틈으로 들어온 햇살의 잰걸음도 화들짝 놀란다
냄새로 먹이의 위치를 가늠하던 시절부터
무성한 말들의 밭뙈기 하나가 거덜 날 때까지
마침내 그 무성한 말 때문에
주체 못할 몸뚱이로 나가떨어지는 저 푸르딩딩한
육체를 우리는 꽉 찬 권태 덩어리라 불러도 되리라

누워 식도의 길 닫아버린 그들
어른어른 공기와도 잘 노는 살로 산맥처럼
목을 빼고 고갤 주억거리며
창을 넘어온 달빛 잔등에 태운다
파묻혀 지내던 안락한 침대 버리고
말 거품들 버리고 입술 지나갈 때마다
몸속에서 나오는 길들로
눈썹 하얘지도록 제 몸 디밀 침묵의 집,
둥근 누각을 일으켜 세운다

입술로 아름다운 장례의 풍습을 짜는 그들
허나 웬걸, 무덤 속 며칠 잘 은거했다는 듯
감옥을 찢고 우리들 눈의 현기증 찢어발기며
천둥보다 큰 소릴 가진, 날개를 달아버리는 것이다
그때 말의 군대가 쳐들어 온다
그들은 죽음을 발효시킨 시를 짰던 것이다

## 가을 사과나무의 말


어떤 긍휼이 똑똑 젖꼭질 따간다
눈앞에서 출렁, 하다가 하늘이 제자리로 돌아간다
탁탁, 광주리 안에 담기는 수줍은 가슴들
생각난다 구름모자 쓰고 버터 칠한 해 먹으며
나비넥타이 차림 개나리, 탱자나무와 기러기도 몇 이마에 띄우고
세상 끝까지 갔던 소풍
혈관 때리고 가는 천둥 빗줄기에 떨며 젖으며
참새 매미들과 처마 밑 서성이던 여름날도
달빛 속이거나, 구름 없는 밤이거나
내 몸이 그 식빵,
시간이 이스트처럼 부풀어오르는 공기 이슬 흙살 물어뜯을 때
바르르르 떨며 체적 넓혀갔을 내 유선의 돌기와
다보록 자리 틀고 앉은 주름들
잘 가거라 내 몸이 낳았으나
성급하게 내 거라 하지 않았으니
그래도 부푼 공길 한 입 베물 때마다

삶의 단맛으로 하품하는 입들이
웅크린 너희들과 함께 새소리 달빛 이슬 깨물고,
향으로 데워진 공기 속 어슬렁거릴 생각만 해도 즐거워진다
발이 얼얼하며 잠이 온다 아껴 태우는
내 발등의 불 뺏으려는 저 얼음군단 금빛 웃음 속
그림자처럼 몸 말고
개나리 참새 부리에 옮겨붙을 발바닥의 불씨
출렁이는 잠 속에 가져가고 싶다

## 학교 주차장의 꽃들


출근시간 가까운 학교 주차장
서둘러 도착하는 차들 약속이나 한 듯 후진으로 엉덩이 쭉 빼고 선다
칼라를 세운, 머릿기름을 바른 이들이 내린 뒤에도
덜덜덜덜 네 다리를 떠는 그곳에서 방귀가 새나온다
브레이크 말뚝에 매여
머쓱한 얼굴 마주보고 열 식히는 덩치 큰 저 짐승들은
머리 위로 햇살이 파리 떼처럼 지나가도 쫓을 꼬리가 없다
뒷다리 사이에서 아직 뿜어져 나오는 냄새를 참느라
이쪽의 영산홍들이 손을 내밀고 입을 막자
건너편 향나무, 단풍나무들이 연신 가슴을 두드려 댄다
종일 뜨거운 분뇨냄새가 흘러나오는 저 살찐 엉덩이들 앞에
머리를 숙여야 하는 창백한 화초와 나무, 벌레들
교실에서는 풍금 소리 어린 것들 초록 음성이 흘러나오는데
생명 같은 건 안중에도 없이
열기만 하면 백년지대계를 말하는 그 입들에는
어느 엉덩이를 들이댈 것인가 생각도 안 해본 꽃나무 벌레들이

어때 참을 만하니, 캑,
괜찮아, 넌? 캑캑,
쪼그리고 앉아
그 큰 엉덩이가 치워지기만을 기다리며 시들어간다
퇴근길 다시 일제히 시동이 켜지자
부르릉 뿡뿡 참을 수 없는 매연 마시면서 가녀린 것들 또 캑캑거린다

# 덩굴들

참나무 우듬지까지 타고 오른 연어 떼를 보았다
처음 참나무는 웬 머리 많은 젊은 여자가
샴푸냄새 풍기며 기대오는가 했을 것이다
그러다 팔을 벌려 몸 감아대며
햇빛을 잔뜩 퍼먹고 간드러진 웃음 파닥이는
그녀를 어느 때부터 감당할 수 없다는 걸 알게 되었다
초록의 기슭, 옆으로 눕는 파도 속
유독 그녀만 상류 거슬러 오르려는 걸까
생각하는 날이 많아질수록 사내는 푹푹 여위어갔다
통증을 견디지 못한 사내가
잎새 하나씩 떨구어내자
그녀는 그 부피만큼 딴딴한
손톱을 살갗 틈새에 박으며 파고들었다
그때마다 주름과 주근깨를 하나 더 거느리는 나무는
폭풍 같은 현기증이 밀려오는 거였지만
흐름에 몸을 실으며
회귀하려는 연어의 집요를 감당하기 버거웠다
모두가 제 물결을 헤적일 때

흐르고 치솟으면서 모든 걸 깨어버리는
저 연어의 주둥이는
흐트러진 옷매무로 연거푸 술만 마셔대는
저 나무 장정을 우듬지까지 캄캄하게 폭발시킨 다음
온 바다 헤집어놓을 텐데
이 사람아, 이 사람아
탄식하는 저 나무 부족 방언들이 골에 번져가도
산의 주름들은 마른 풍금 소리를 내며 쩍쩍 갈라질 뿐

해마다 이맘때가 되면 연어가 연안으로 돌아온다

# 뱀

아스팔트길에 강줄기 같은 어린 뱀이 나타났다는 건
언젠가 말한 적 있지만
내 맨발 산책길엔
시글시글한 게 뱀이다
지난가을 놈이 벗어놓은
뜯기는 빵처럼 개미들 들끓는 허물이라도 만난다
간질이는 흙살에 내 발바닥 나른해할 때쯤
내 뇌수에, 반짝, 꽂히는 혓바닥
문득 풀잎들 움직이고 노랑나비 날고
햇살 공기 살랑거리고
구름 하늘이 돌 때
핏줄 타고 올라오는 우레는 실은 놈의 것
나는 길에 얹혀가지만
놈은 물 불어난 개울에도
나뭇가지 타고 내 이마 위 허공에도 쓰윽 진땀 나는 길 만들고
새 길을 낳으려는지
아, 부끄럽게 사랑 나누는 걸 본 적도 있다

그 길은 피해야지 하면 어김없이 나타나는 놈들
먹물 뒤덮인 내 창자에
한 번도 쓰지 않은 서늘한 독毒,
한 점 꽂아두려고
예측할 수도 없는 곳에서 놈은 날 기다리는 건가
참 이상한 나날의 숲이다

# 두 채의 음악
− 석가탑과 다보탑


음악은 가끔 몸을 가지네
때론 짐승 울음으로 때론 새소리로
천 년 동안 서서 여울 소릴 흘러 보내는 악사도 있다네
더욱이 불타는 선율을 요약한 화석으로
조심스레 사람들 갈비뼈에 음악을 꽂는 이!
금당 바닥, 음악을 등지고 앉은 저이는
미장가의 아들 가슴에 품고 연신 손을 비비는 사람
또 저이는 사십 후반에야 베트남 아내를 맞은 아들 위해 엎드린 사람
고요하던 연못의 느닷없는 출렁임처럼
한낮을 베먹어오는 그늘의 어룽거림처럼
음악이 켜지는 건 이때
저 옥개屋蓋는 자애로운 음악이 흘러넘치는 모자
가장자리에 빛살과 하늘, 파르르 떠는 낮달의 노래까지도 따다 담지
빛은 음악의 소유이니
무릎을 연한 저이들은 저 음악이 돌보는 자식이니
바람 한 점 없는 그 뜰에서 둘이 하는 다정한 산책도 산책이지만

때론 正樂인 듯 때론 俗樂인 듯\*

사람들의 어깨에 가닿는 그들 속삭임

소리 내지 않고 울리는 음이 두 채의 음악을 다스리는 법이지

\* 동국대 윤소희 교수는 석가탑을 정악으로, 다보탑을 속악으로 해석한다

# 저 바케스

저 바케스는 생의 양분을 보내는 일에 다 바친
마당가 대추나무 거친 주름을 가졌다
닦아낼 수 없는 때들이 다닥다닥 낀
찌그러진 바케스의 얼굴은
겨울이 얼음장 밑 물고기처럼 순하게 잠들면
햇살 타고 흐르는 개울물 같은 미소도 보낼 줄 안다
사과껍질 밥풀 지푸라기들이 안심하고 서식하는 호수
수면은 하루 한번
산그림자가 내려올 때쯤이면 얕아지지만
잘 떨어지지 않는 끈적한 것들로
좀체 바닥 보이지 않는다
굴러 넘어져도 팅, 먹먹한 소리만 한번 울리고 마는
그늘 속 저 양철 바케스
대추나무 줄기를 타고 흘러온 빛이 수면에 어리면
알 듯 모를 듯
번지는 엷은 미소
아니 울음이던가
열을 받아도 터지지 않는,

얼음으로 결박되어도 깨지지 않는
땜질한 흔적도 몇 군데 보이는 누런 바케스
중풍으로 남편 일찍 떠나보내고
자식들마저 자주 찾지 않는 집 지키며
늙은 소 한 마리를 키우는
저 집의 주인!

# 사과나무 음악회


저 철길 양쪽 떼 지어 선 사과나무를 마을사람이라 믿는 건
날개 안 겹주름의 울음주머닐 여민 참매미다
치켜든 팔에 푸른 이끼 달고
땡볕 견디는 어깨 굽은 나무도
저 길목 돌아간 사람 소식 당겨듣고 싶을 때가 있는가
칠팔월 하늘에 수만 볼트의 소리분수가 떠오른다
기적을 울리며 기차가 지나갈 때의 일이다
사과나무 가슴에서 빠져나온 매미가 아스라이 공중에 두 줄로 쌓는
눈부신 음악회
짐승처럼 어슬렁거리던 하늘이 쟁쟁거리는 저 나무의 편질 다 읽는다
글썽이는 나무들이 푸푸 한숨을 내쉬고
어깨 들썩이며 기차는 또 달려가고
소리들은 하늘로 스미거나 날개를 달고 저 능선 너머
공장 굴뚝 연기와 섞이다가 더러는
달그락거리는 부엌, 어느 손에서 접시를 깨트리기도 하리라
앙금처럼 매미들 다시 사과나무

가슴에 내려앉는다 두 가닥 레일이 신음 소리를 낸다
허전해진 사과나무는 멍청히 서 있다
숭숭 뚫린 가슴에 숨죽인 매미를 껴안은 지도 모른 채

## 푸른 눈들

도서관 바닥에 동전이 쏟아졌다
호주머니 속 얌전히 담겨 있던 그들이 일순
내지르는 천둥 같은 소리
쏟아지는 무수한 눈들을 감당하느라
짐승이 돼버린 다른 한 눈의 초조를 딛고
그들은 실내의 공기를 달구며
뜨거운 길들 마구 끌고 다닌다
속도와 방향 예측할 수도 없이
선 안과 밖을 가로지르며 챙강거린다
언제 배추포기처럼 절여져 있었더냐는 듯,
길들여진 눈을 증오하는 푸른,
한때는 내 것이었던 눈들
무서워진다 어느새 시퍼런 그들은 떨어져나가고
초라한 나만 남았다는 게
이제는 아예 드러누운 채 한낮의 무료 즐기는 저 불덩어리들
발바닥 뚫고 등허리까지
쩌렁쩌렁 결기가 올라온다
금세 내 얼굴은 구멍이 다 뚫린 해골처럼 송연해졌다

# 3부

## 영덕 복사꽃


해마다 불끈한 몸으로 찾아와
제 흥에 절어 몇 날 밤을 으스러질 듯 덮치고는
나, 가네
한 마디 속절없이 던지고 나가선
소식 없는
희끗한 머리칼의 사내도 사내려니와
그 사내 보내고서야 후끈 달아올라

팔과 다리, 허리통에까지
가녀린 몸 찢어 낳은 연분홍 어린 것들
햇살에 만지작이다 만지작이다
소리 없는 글썽임으로
번진 분자국으로
돌앉은 나지막한 치마폭의 어깨도
이 언덕엔 있거니
이 언덕엔 있거니

창수령 더디 넘는 뻐꾸기 소리
속절없이 산귀 적시는 봄날

# 복사꽃 그녀

동풍이 팔랑거리는 그녀 치맛단 들어올리자
저 가려운 구릉, 골짜기는 온통 분홍살로 흐벅지다
오살할 년, 가슴팍을 향기의 칼날로 찍었나
천만 개의 입술로 핥았나
내 사내 풀린 눈동자는 분홍물살 보조개에 사정없이 휩쓸리는 중이다
햇살이 능선과 골짜기 다 훑어도 잡아챌 수 없는
화냥끼는 언제 맑은 그늘이 될까 싶잖은 처녀처럼 깊다
더욱 봄비가 저 살들의 다정多情을 돋굴 때
채곡채곡 물 재우다 비안개를 거느리다
구름그늘이라도 그 살에 쓸릴라치면 내 사내의 날 온통 갉아먹는 거다
오매 환장할 것, 환장할 것
내 사내 얼굴 목에도 바짓가랑이에도 마구 올라타 닝닝거리는 분냄새
그 보조개 물살로 웃어쌓는데, 어허
언제나 내 쪽은 소란하고 저쪽은 맑은 거다
어떤 아낙의 사주를 받은 늦바람이 단숨에 한 그릇 떠 자셨

는가
　바람의 목젖 아래로 봄향기가 진동하는 윤사월
　저 분홍 입술에 새들이 깃들였음은
　땅에도 노을에도 쏠리는 연분홍 깃털이 말해준다
　삼백예순의 날과 밤을 즙으로 갈아 만든 날개 퍼득이다 날아간 새,
　대엿새 지상에 내렸다가
　슬쩍 다시 하늘로 노 저어 간 분홍배였다 그녀는

# 해바라기

태양신을 섬기는 인디언 추장 머리 같다고
누군가 말했지만
햇살의 어린 새끼 부화하는 난

소리치는 꽃이야
새벽은 내 뇌성 속에서 터지지
내 머린 햇살만이 아니라
점점이 박히는 어둠 초조 불안
뼈들 사이로 숭숭 들어오는
구름 빗줄기의 주름도 오므렸다 폈다 하는
창처럼 꽂힌 눈알들의 볼록렌즈지

금빛새 달과
하늘 푸른 유리, 때론 밤길에서 만난 별들의 말과
잎새들 수런거림, 급작스런 쏘내기와 먼지,
이리 많은 족속이 길을 내며 내 둥우릴 틀고 있는 것

밤새도록 동쪽으로 목이 돌아간다고

아침 해 받아 씨를 익힌다고 빗대지만
알기는 해? 추위 속에선
박아 논 핏줄 몸 밖으로 꺼내
밤을 밝힌다는 걸

엉덩이 까닥이며 식탐하던 벌 떼도 떠나고
낡아버린 날갤 휘저으며
하늘 허파를 다 찔러버리고 싶은
고슴도치처럼 웅크린 내 눈알들의 적의는 또

햇살의 황금빛 뿔이라며 발라먹는
손들에게 불붙는 내 눈알 뽑혀져 갈 때
울부짖는 오이디푸스처럼
뼈를 휘어 아랫도리에 힘을 주지만

그림자에서도 피가 돌아
내 눈은 다르게 빛나지
겁난다 검버섯 가득한 두개골 숭숭 뚫린 텅 빈 눈알만으로도
하늘에 구멍을 내버릴 것만 같아

# 목련 1

구름을 낳는 나무가 있다
일 년에 한 번쯤은
태반인 양 묻어놓은 땅속 곳간에서
구름을 낳아 허공에 매다는 나무
불끈 솟은 힘줄 송글송글한 땀으로
동그랗게 혹은 잘게 부순 추위와 어둠 햇살을 뭉쳐
튼 살 틈으로 밀어내는 구름의 자식을
혀와 목젖 근처 심지어는 팔다리에까지
입성으로 꿰찬 나무의 기쁨!
햇귀와 흙냄새로 술렁이는
하늘 아래 가장 설레는
어치와 때까치와 아지랑이의 시간
대궁을 타고 터지는 저 구름 씨앗 소리 좀 보아
펼친 구름의 옆구리 사이에서
새 흉내를 내며 햇살이 소리치며 날아갈 때
저 불구의 나무도
불굴의 나무가 되어
누렇게 익어가는 상아 궁전의 봉오릴 타고

지상을 뜨고 싶단
맑고 뜨거운 생각 부풀리는 것을
그러나 꿈에도 생각 못했다는 듯이
도저히 믿을 수 없다는 듯이
애써 낳은 구름 땅바닥에 엎질러버리곤
새끼를 잃은 어미소가 되어
허전을 간식처럼 되새김질하는
저 자글자글한 잔주름

# 목련 2


주름 칭칭 감은 어머니와 달리 나이 먹는 걸 싫어해요
상앗빛 머리털
뽀얀 치아는 여섯
귓바퀴엔 나비 리본을 꽂고 다니죠

보세요
꾹꾹 누르는 하늘과 구름의 무겔 다스려
한껏 들어올린 이 돛
눈높이의 이 두런거리는 범선帆船은
해마다 당신을 실어가기 위한 것

풋내 나는 햇살 바람 거느린 돛배에
호수와 불길 매어둔 당신
어김없이 사진을 찍고
모자를 벗고 경배하는 당신

내 가슴 건반처럼 울리는 당신 항구에 인도하기도 전에
쩌억 벌린 곰햇살의 아가리에

삼켜지는 그 수모는, 실은

그 짐승이 냄새 맡기 전
스스로 허공의 벽에다 머릴 쾅쾅 찧어
생의 브레이크를 밟아버린 거랍니다

검게 물든 눈두덩이라 놀라진 마시길
늙음이란 추레한 것이니
사랑이여 난 당신을 위해 또 한 해를 견디는 것입니다

# 목련 3

교외다

뚝뚝 지는
어떤 맥박을
기와지붕 거름더미
키 작은 측백나무의 마음들이
받고 있다

여위어가는
저 짧은
상앗빛 생의 정적을

매 맞듯 매 맞듯
어깨를 떨며
맞고 있는 귀들, 이마들

바람이 일그러뜨리지 못하게
훈김으로 껴안는,

토닥이는
저 저 저 팔들

모든 것 놓아버린
한 손,
다른 손이 감싸안을 때
몸을 뒤채는 고요

의 목덜미에 벙글다가
이내
발효되는 햇살

어떤 눈이
가만 지켜보고 있다
허공을 꽃잎보다 무겁게 달고 있는
눈빛은
말을 넘어서 온다

## 산수국

울음들이 엉겨 붙었다 다닥다닥 매달렸다
출렁거리는 저 고요의 손목을 핥는
어린 바람의 혀들

아직 깨어나지 않은 울음들을
숨긴 꽃망울 향해
거문고 청줄
햇살이 기어들어가 파헤쳐놓은 길을
벌 떼들 엉덩이가 들어올릴 때

하늘 넓은 가슴이
쏟아져 들어온다
급습하듯 뻐꾸기 뻐꾸기 운다
쪽쪽 빨아들이는 꽃들의 팽팽한 근육

수국, 그 시큰거리는 무릎으로
숨은 얼굴을
바람 햇살 속으로 들이밀게 하는 것은

한정 없는 두근거림이다
그러나 그 두근거림은 얼마나 정연한가

칸칸마다 발그레하게 매달려
환장하게 보고 싶어진 뺨들로
고요와 캄캄함 부르르 흔들며
한 번씩 젖은 북소릴 낼 것 같은 눈들

게으른 짐승
마당가 장독들도 졸린 눈 비비고

벌들과 고요의 꽃볕 짚고
불쑥불쑥
날개를 터는 봄들

## 항해


장바구닐 펼치자
빼꼼히 뜨는 저 오목한 눈들
홍성 감자 평창 무 북해산 조기
굽이치는 밤바다 건너온 키위, 바나나, 파인애플도 있다

아주 먼 곳에서 오래전부터
내 사는 항구를 향해 타는 마음속 노를 저어 온
트럭과 배의 설레는 시간이 익어
살랑거리는 바람 흔들리는 잎새, 쏟아붓는 적도의 햇살까지
내 눈동자 속에 풀어놓는
저 가슴들

핏속에 들어와 춤이 되고 노래가 될
낡은 배의 마스트 같은 내 머리 껍질도 터트려 익게 할
매일 누군가 한 발씩 다가오고 있다는 걸
우린 서로를 피워내는 꽃, 우주 풀무라는 걸
짜르르 흔들어대며 깨우는

저 대지의 자식들을 하나씩 쓰다듬다가
볼도 대어 문지르다가
우선은 들어가 쉬라고
방 내어주듯
냉장고 칸칸마다 조심이 눕히고
거실에 이부자릴 펴는데

고단한 꿈들 막 뒤채는 소리에
밤을 도와 왔다가
이불 속에서 나오지 않는 부끄럼 타는
어린 조카들 얼굴마저 겹쳐
잠도 설치며 피 도는 밤을 더디게 건너가는 것이었다

# 거미집


멀리서 보면
허공 둥글게 펼친 지붕은 펼친 투명 우산
햇살에 물방울 튕기는 창문마다의 다이아몬드
게다가 파닥이는 먹이들 제풀에 떨어지도록
성자 흉내를 내며 뒷짐을 지다
어디 한번 누르기만 하면 먹이 또르르 굴러오는 근사한 집의 주인
그러나 다가갈수록 자주 몸뚱이 나동그라지는
필사의 연주 위에 얹힌 생과
무료와 초조의 빈 방 속 오그린 허리를 보는 나의 근심!
하루는 아내와 산책 중
산길 옆 작은 굴 속으로 들어간 아내를 두고
그는 순식간에 굴 입구를 빛나는 뜨개질로 막아버린다
(놈은 아내를 도망자로 알았던 모양)
뒤뚱거리는 한 영혼이
가는 줄에 매달리는 순간이다
때로 여린 줄이 벽보다 두꺼울 때가 있다
생은 무거운 거지만

너무 무거우면 허공에 걸 수 없단 걸 아는 자들이 지은,
빗방울이 스치기만 해도 일렁이는 창을 매단 집들이
내 머리와 소나무 가지 사이에 걸려 있다

현보다 떨리는 길 따라 가장의 발자국 소리 들려온다

## 어떤 예배

얼마 안 되는 교인 탓에
어린것 맡기고 성가대로 나선 새댁들
다른 아줌마의 등에서
제 엄말 알아본 아기들이
설렘과 아쉬움 반쯤씩 버무린 눈망울 보낼 때
지휘자에게서 한 번씩 눈 뗀 그녀들
환하게 핀 눈 안쪽에서
긴 팔 보내 제 아이를 껴안고
그때마다 두 표정 겸상으로 받은
목사님, 성도들의 얼굴에 일렁이는
저 저 저 안복眼福으로 들썩이는 공기들
노래, 그 새부리 같은 입술들이
눈썹같이 연한 길 물어다가 쌓고 물어다가 쌓을 때
고걸 베먹으며 까닥이는 아기 발가락
파르르 등뼈 세우는 잠들
노래는 끝났지만
펼쳐져 날며 수런거리는 고요의 포기들
잠든 몸에서 품으로 달려가는 마음 몇 소절도 숨결로 떠서

막무가내
성도들 귓가와 목덜미께로 따순 꽃 피워 올리는 것이었다

## 콩나물

털어버리기 위해 물을 맞는가 저들은
퍼붓는 빗줄기 뒤집어쓴 처마 밑 개처럼
목덜미 저리 세게 흔들어대는가
푸르스름한 새벽부터 잦아드는 황혼까지
쏴아아에서 똑똑까지
세포 열어 기다렸음직도 한,
깔깔거리며 부비고 안겨오다
마침내 머쓱하게 발길 돌리는 물의 기억마저
애써 짜 말리는가
불인 듯 꺼버리는가
화살 빗발치는 적진 뚫고 떠온 물
군사들 앞에서 쏟아버린 알렉산더처럼 비장하게
내치고야 마는가 물 빠져나간 자리 컴컴한 적멸 화두로 붙안고
계곡에 담그고 싶어 우줄거리는 발가락은 타이르며
물음표처럼 큰 머리 꼿꼿이 치켜세운
파리한 은수자들 앞에 서면
네 안의 열기로 키를 키워라

검은 동굴 속 수런거리는 먼 조상들의 음성

# 말을 내다 걸다

풍으로 여러 해 누웠다
사위 차 타고 목간 가는 수천 영감
요구나 하려고 대개천식당
삼천 원 돼지국밥 떠넣으려는데
창틈으로 붓는 정오의 땡볕 목에 턱턱 걸려
"와 이래 안 죽노"
제 성질 못 이겨 숟가락 추바리에 턱턱 쳐쌓는다
"가다가 농약방에서 풀약 한 봉지 사서
웃통 벗고 속에다 살살 치소
양지뜸 푸새 마르듯 한숨에 안 가시겠나"
눈 찡긋, 거드는 경오 말띠 동갑 집 주인 남돌이 영감
거 욕비계 한번 엎어지게 구시다
수천 영감 달아오른 목덜미에
성치 않은 손으로 돼지비계 욕 말아 후룩 삼킨다
"지끼는 거 묵는 거 보이 마 오래 살겠다
이름이 괜히 수천壽千이겠나"
남돌이 각시 영감탱이 말 넌출넌출 펴서 마악 땡볕에 내거는데

"어, 비가 오네 테레비에 오후부터 온다 카디마는
우리들 농사지을 찍에는 오전에 오는지 오후에 오는지
오마 오는지 가마 가는지 했는데
이런 날 밭에 남새 있는 사람 좋아죽는다
근데 아직 안 비고 서 있는 나락 있는 집 얼마나 힘들꼬"
웃다 찡그렸다 하는 새 말들도 말랐다 젖었다 하고

## 밤, 배롱나무

배롱나무 가지엔 자벌레가 기어다니고
기둥서방처럼
얽은 달이 걸터앉아 있고

가만 보니 그들은 꽃을 다투는 것이었다
저가 낳은 꽃이라고
자기 엄말 왜 올리느냐고

밤마다 싸움을 달래느라
안절부절못하는 배롱나무
가슴에서 산란하던 애꿎은 꽃잎들만
하르르 떨어졌다

아랫도리 수북한 낙화 위
스산한 그림자마저 짜내려는 듯
바스러질 듯 서 있는

배롱나무

이름도 얻지 못한 것을 연거푸
날려 보내고 나어린 딸과 살아가는
종점, 그 주모 같은

# 불 먹이는 밤
– 대금


불을 먹인다 한사코 눈감은
감포 해안에서 데려온 쌍골죽
귀 먹먹하도록 박힌 추위와 허기 눈발
병고의 뼈마디 어르고 달래
불의 잔蓋, 살갗에도 목구멍에도 붓는다 우웅우웅
몸 뒤채는 상처가 제기럴,
한 꺼풀씩 녹아내리고
속속들이 들어찬 해풍 밤바다와 어선과 찬별이 휜다
봉인된 마디의 등뼈가, 우둑 우두두둑 일어선다
다시 목구멍에 소금 재워넣을 때
허옇게 절은 울음꽃
미안타 미안타 그늘로 보듬고 가서
취구 깎고 지공 뚫는다 청 붙인다
꿇어엎드려 맑은 생각의 불을 넣어도
언제 그랬느냐는 듯 멀뚱한 침묵
도둑숨도 쉬었다가 구들엔 듯 다시 숨 부어넣을 때
늑골 사이 피리새 깃치는 혼곤한 소리
무게 부리던 갈매기 해풍에 웅크리던 말씀의 울혈들이

병고도 놓고 뜨듯이 풀어져
마침내 내 품안, 파도를 잠재울
포효하는 한 마리
짐승으로 안긴다

해풍이 연주를 시작한다

# 사랑

집을 짓느라 소나무를 캐내는데
이상하다, 물결 이루며 뿌리가
바깥쪽으로 한사코 내는 둥근 파문

볼품없는,
십수 년 찾는 이 아무도 없던
저 나무를 뽑기라도 작정한 듯
염소만이 사시사철 사납게 빙빙 돌며
나무의 윤기 뜯어냈을 뿐인데

촘촘한 겹반원의 뿌리 다발은
염소, 수염을 단 그 소심한 사내
발자국 심장 고동을 따라
왜 저리 뜨겁게 뻗은 건지

우리들 마음의 나이테도
끝없이 벗어나려는 이를 한사코
불러들이는지

종아리 생채기 자국 선명한
저 나무가 낳아논
염소 뿔처럼 구부러진 뿌리의 화염이 참 팽팽하다

4부

# 발자국은 때로 얼마나 징그러운가

 방금 찍은 개발 도장은 꽃잎 같고 둥근 꽃잎 같고
 사붓거리는 참새발 자국은 새봄, 가지 위를 막 헤엄치는 햇잎 같고
 끝 말아 올린 닭발 자국은 난 잎새 같고
 모두 시멘트 모래 알갱이의 맘을 다만, 들어 올리고 있는데
 벌 몇 마리 가슴에 안은 수레국화 발자국은 그늘 같고 알싸한 그늘 같고
 밤새 다녀간 별자국은 눈물 같고 건드리면 울리는 풍금 소리 같고
 골목길 마악 시동 건 경운기 발자국은 점점 빨리 뛰는 두근대는 가슴 같고
 한결같이, 쓸쓸해 뵈는 시멘트 모래의 마음 다독여
 둘레며 무늬 은근히도 짜올리는데
 채 피지도 않은 저 가슴 돌이킬 수 없는 상처처럼
 파놓은 저 쓸쓸한 발자국은 무언가?
 발 함부로 딛지 말라, 햇살에 선한 눈 뜬
 포장 덜 마른 길 나직한 음성을 듣는 아침

# 무덤은 시간을 넘는다

저물면 누구나 그곳에 닿는다지만
무덤이 여우처럼
머리 위를 쑥쑥 넘어가는 때가 있다
나주 반남 복암고분군 앞
살구꽃잎 하르르
살구나무 벗고 떨어질 때
일천오백 년이 꽃잎 한 장 두께로
가슴 수로 헤엄쳐 들어오고
바람은 자주 잔디 훑는 햇살 알갱이 떼어놓는다
완두콩 꼬투리 같은 쌍무덤
다시 구워내는 햇살공방 안에선
독 포갠 침대 위, 오랜 잠에서 깨어나
필시 별자리에 당도하는 이야기쯤에나 귀 기울이는 사낸
은제관식 금동신발 생게망게 뒤척이던 밤 벗고 있을 것
그도 저 꽃잎의 오래된 수로 거슬러
컹컹 개 짖는 만개의 시절 초입에 닿고 싶은 것이다
문 두드리는 햇살에
두근거리는 완두들 뛰쳐나오듯

오래된 기억처럼
무덤은 오늘도 슬프게 시간을 훌쩍 넘는다
때론 여우처럼 때론 도채비처럼

## 지금도 어느 물기 머금은 눈이 나를 보고 계신다

그런 걸 믿는 사람들이 아직도 있다
개구리가 천이백 년을 산다는 것
다시 천이백 년이 지나도 자라지도 늙지도 않는다는 것
통도사 자장암엔 그 개구리
친견하려는 사람들로 북적인다
걸어논 사진 앞에서도 연신 머리 조아리는 불자들
지성을 들이면 두 다릴 치켜들고
바위틈에서 또록또록한 눈 뜨는 그분을 뵐 수 있다 한다

물고기 뱃속에서 사흘 밤낮 삭지 않은 요나처럼
산 채로 내장 속을 나와 헤엄친 혜공의 물고기처럼
세월도 그의 살 한 점 뜯어내지 못하는 .

진리

란 죽어서도
새끼를 쳐서도 살이 붙어서도 빠져서도 안 돼
무언으로 말하는

어느 물기 머금은 눈이
깊이를 알 수 없는 바위틈쯤서
지금도 날 내려다보고 계신다는 말씀!

## 계단의 깊이


백률사 초입, 매일 오르는
그 나무계단인데도
오늘에서야
발 닿지 않는 수직면에
얇게 붙은 풀더미가 눈에 들어왔다

빗방울과 바람의 경작이었을 것이다
한 방울 튕길 때마다
흙 알갱이 겹겹이 올라붙고
부지런한 바람이 입주자들 실어날랐을

솔잎이며 여린 풀들이 감싸고 있는
그 마을을
몸을 굽혀 나는 천천히 더듬어 보았다

세상에, 촘촘한 별 같은 자잘한 꽃들이
어지럼증 참으며 수평으로 앉고 서서
붕붕거리던 파리와 벌 떼까지를

재우고 있는 것이었다

비탈에 매달려서도
대나무들의 눈매와 잎새 사이의 빛그늘
철마다의 새울음 하늘 끌어당겨 덮고
골목과 야산과 언덕 이루며
바람에 흔들리고 있는 것들

마침 그날치 양식을 들고 가다 멈춰서서
쏘아보는 개미 가족의 눈길에 머쓱해져서
발길을 떼어놓았다

## 악어새에 관한 명상


그는 나타난다
이른 아침 지하철 안이 늪이
갉작이는 소리로 수런거릴 때
간밤이 은밀히 피워낸 노릇노릇한 스캔들과 연애 스포츠
눈알에 핏대 세우며 쑤셔 넣는 날것의 먹이로
내장의 주름 부풀다 못해 늘어질 때
저편 기슭에서
성자처럼 불쑥,
날개를 접는다 사람들 대충 잠에 빠지거나 늪구멍 찾을 때
빽빽한 다리 밀림 사이 유유히 빠져나와
구역질도 없이
어지럽게 널리고 엉긴 감정의 찌끼들 닦아 뭉쳐 넣는다
자루 속에서도 꺽꺽 입 벌리거나
맹렬한 날갯짓을 해대는 활자들 달랜다
학여울 도곡 대청
거대한 악어가 소화되지 못한 얼굴들 차례로 뱉어놓으면
몇몇만 섬처럼 듬성듬성 앉아 있는 맑은 뱃속의 지하철
대견한 듯 씨익 대문니 드러낸 채

종아리에 세든 겨울바람 거느리고 아침 날개 펴는 그를
자루 속 무게가 툭툭 치며 끌어내린다
소화 안 된 도시가 키우는 저 악어새는
내일 이맘때도 어김없이 날아올 것이다

밤 도시의 창자 훑고 내려온 지긋지긋한 배설물 치우러
아니 일킬로에 기껏 육십 원 한다는 그 종이 때문에

## 그 절간 앞의 와송臥松

그는 그걸 받아먹고 있었다

절집의 종소리
저녁 예불을 알리는 동화사 먹먹한 범종소리
등산객들의 귓속에도 숙연해진 도라지 어린 짐승들에게도
백사장의 새 떼들처럼 내려앉을 때

배꼽 덩그러니 내놓은 채
골방의 노름꾼처럼
구름천장 아래 게으르게 누워서

비를 홀짝이다가
햇살 끌어당기다가
때론 싸락눈도 별도 눈썹달도 몸속에 담다가
한 닷새 빈둥빈둥 손 놓고 있더니 이제사 그 소릴
저녁끼니처럼 후룩후룩 퍼마시고 있었다

천지사방 부처를 찾아 돌아다닌 일도 없는,

광기에 절어
다음 소리가 쳐들어오기만을 턱없이 기다리는 저 저 저
게슴츠레한 눈과 늘어진 귀,
꺼진 등과 움푹한 정수리

그가 그를 잊어버리기에
언젠가 죽을 몸뚱이마저 다시 잡아먹을 것이기에
허리 구멍 속으로
온 우주가 쏟아져 들어온다 해도 모를,
가끔 제 뱃속에서 나온 새끼부처를
던지고 있는지도 모르는,

그렇게 굴러온 삶이 형刑인지
자유인지도 알려고도 않는

버르장머리 없는 선승禪僧같이 그는

# 휘둥그레진 눈


.

상자 속을 전시하는 족속이 다 있는가
이쪽 건너오는 호미가 벽에 잔금 틔울 때부터
별수 없이 난
들어낸 돌 아래 소스라친 한 마리 그리마일 뿐
유리가 끼워지고 신경증의 조명 들어오고
버스에서 내린, 더런 껌을 씹기도 하는 청바지와 안경들
해설사의 설명에 고개 끄덕이며
음, 부식이 진행 중이군
허리띠 장식과 청동신발과 칼의 위치 가리킬 때
진흙과 자갈과 재와 껴묻거리 흩어나갈 때
내 피돌기는 부패를 시작했다 더듬고 지나가는
눈들의 시간이 곰삭은 일천 수백 년보다 더 끈적했다
그럴 듯하게 포장된 내 일생은 사람들 눈귀 적시거나
냄새가 되어 퍼져 나간다 어디
헝클어진 상자 겹보 다시 매어줄 인 없는가
잘 익은 사색 들쑤신 댓가로 진열대 유리관 틈
저 멀뚱하게 빨려든 눈과 내 것 슬쩍 바꾸고 싶다
감았던 눈 떴을 때, 보고 싶은 거다
청동기 이전 시대로 되돌아간 휘둥그레진 눈!

# 대흥사 입구

아직 선득선득한 아침나절
잎사귀들이 날빛에
배때기 뒤집어 비늘 파닥이는 산절 입구다
연탄불에 번데기 골뱅이 군밤 찰옥수수 등을 굽는
할머니 가슴에도 잔물결이 일던가
살짝 조으는 틈을 타서
삼나무 가지 위에서 새포란 추위를 가르며 헤엄쳐 내려온
꾀꼬리 한 마리
날렵하게 번데기를 물고는 날아오른다
고요를 헤치며 또 만들며
"이 자식이 오늘도 마수걸이하네 그랴" 그녀
구시렁거리며 올려다보는 공중에도 소로小路는 있어
그녀 눈빛처럼 하, 그윽하고 맑은 매일의 소로는 있어
공중의 공기가 몽실몽실 데워진다
산정의 구름이 지긋이 눌러보고 가는 그 풍경
그들은 저 절길이 키우는 가족이라는 생각,
늘그막의 할머니는 어슬어슬한 산그늘을
저 새와 더불어 데리고 사신다는 생각이 들었다

# 성

사월 아침, 산성탕 앞 골목이다
방금 목욕을 마치고 나온
두 성이 걷는다
얼굴이 검게 탄 큰 성과 까까머리 작은 성이
큰 성은 느린 걸음으로
작은 성은 재바른 걸음으로 이야기를 뿌리며 간다
"그놈들이 가마이 있는데 뒤에서 쥐−박잖아"
항전했던 일들 자랑스럽게 떠벌리는 작은 성
씨익 웃던 큰 성, 피우던 담뱃불 비벼 끄더니
앉아 몸을 반으로 접고
가슴까지 쌓인 성곽 뒤에서,
기다렸다는 듯, 작은 성이 올라탄다
오래된 일 층 위에 두 팔 벌려 새 층을 얹은,
열린 창으론 가느다란 콧노래도 흘러나오는 저 성
"그 문제 아는데 틀레뿟다 고거만 아이모 다 맞았는데"
아래층의 입이 귀에 걸린다
데워진 공기 속에 섞이는 웃음소리, 말소린
베어도 베어도 자라나는 파아란 풀들의 향기

길섶 노오란 민들레 옆 휴지들이 굴러다니는 골목
해는 둥둥 높고
세상 어떤 것도 막아낼 것 같은 성채로
그들은 지금 철물점을 지나 지물포와 약업사 돌아
라일락꽃 만발한 비탈을 올라간다
위층은 곧 한 마리 새가 되어 날아갈 듯
무서리 눈보라에도 끄떡없을 듯
내가 다 두려울 게 없어졌다

# 언제나 네 살배기인 봄


이웃집, 느지막이 본 딸아이가
이젠 땅을 쳐다보게 된 꼬부랑 할머니 손을 잡고
뭐라뭐라 종알대며 흙바람 이는 마당을 바장인다
아이가 노는 마당은 꼭 계절이 아니어도 봄이다

봄은 하루에 22km씩 걸어온다 한다
제주도에서 개나리 피고 20일 후면
정확히 서울에 개나리 핀다 한다
그 꽃의 걸음은 네 살배기 딸아이 걸음의 속도

두 갈래로 가지런히 머리 빗겨
방울 고무줄로 옴팡지게 묶은 그 아이가
봉우리 넘고 바다 건너고 들판 지나
안개와 구름 찬바람 사이 다리쉼도 않고 원광 두른 채
씻은 듯 걸어온다

걸어와서는 이 마을 사람들
가슴이며 볼 물살 피우고, 눈꺼풀 들어 올리고

온통 노랗고 빨갛게 길가에서 웃고 서 있다
바람이라도 불면 까불며 엎어지며 가는 허리 흔들어대다
흙 뒤집어써도 귀엽고 눈부신 어린 것

지각한다 빨리
씩씩하게 가방을 둘러매는

마을 회관 앞
방주어린이집 승합차 속,
아직 잔추위 남아 있는 곳으로 가 피기 위해
떠나며 흔드는 손과 뒤태가 보이다
이내 사라진다

# 어떤 유모

잘 익은 호박 하나
대추나무 양팔이 안고 있다
편히 안는다고는 했지만
손 안에 돋은 가시에 핏방울
맺혔다 아문 흔적도 보인다
지난여름 끙끙 기어올라와 맡겨두고 간
넝쿨 에미 음성 시든 지 오래
청개구리가 오소소한 잔등 위 먹이 향해 혀 날름거리고
뱀 소나기 구름도 한바탕 놀다간 그 어린 것을
삯도 없이 떠맡고 있는 사이 머리통이 수십 배나 커졌다
태풍에 우박에
무수한 흔들림의 파문을 공중에 그리면서도
놓지 않는 저 나무의 노동
낡다 못해 해진 입성
까칠한 살갗에 잉잉거리는 찬바람에도
자꾸만 자라나는 울퉁불퉁한 한 덩이 생을
달인 듯
고요히 떠받치고 있는 건 무슨 연유일까

아는 걸까, 저이는
삶이란 느닷없이 떠안은 무겔 견디는 일이라는 걸
그 무게와 흔들림 때문에 중심 잡는다는 걸
이제 어떤 손길에게 공손히 맡길 일만 남았다는 듯
아랫도리 힘줄 불끈 도드라진 대추나무 유모

# 폭설

지상의 하는 짓들 더 이상 두고 볼 수 없을 만큼 되었을 때
하늘은 저 속에 담아두었던 말들
폭발하듯 글줄로 쏟아내기 시작한다
시커먼 지붕과 굴뚝, 거리와 나무와
사람, 개들의 뺨을 만지는
흰 먹으로 된
점과 선들의 무한 율동이
헤엄치듯 사물의 몸짓을 빌어
음과 뜻을 그리는 문자화文字畵
쉬지도 지치지도 않고 긋는 저
획선들에 감정이 실리면서
필획이 굵어지고 대담해지다
마침내 우우 떼로 몰려 찢고 부러뜨린다
그 마음을 대수롭잖게 여기는
욕망의 바퀴들
느닷없이 고립되고 미끄러지고
굴러 떨어진다
그럼에도 끝내 지상의 신민들은 못 알아차린다

저렇게 무수한 글씨들이 만드는
시린 여백 속에
하늘 마음이 봉인돼 있다는 걸
때로 그걸 얼음문자로 만들었다가
자신이 너무했나는 생각이 들 때쯤 하늘은
햇살 같은 걸 내려보내
굳은 마음을 슬슬 푼다는 것을

## 질투

세상 가장 맑은 눈을 가진 생물은
파리라지
수천 홑눈으로 짜 올린 겹눈
흰 천보다 순금보다 거울보다 맑게 빛나게
두 손으로 두 팔로
밤이고 낮이고 깎아낸다지
그렇게 깎인 눈 칠흑의 어둠도 탄환처럼 뚫는다지
꿀이 있는 꽃의 중심색이 더 짙어지는 걸 아는 것도
단숨에 그 깊고 가는 통로로 빨려드는
격렬한 정사情事도
다 그 눈 탓이라더군
공중을 날면서도 제자리 균형 잡아주는
불붙는 저 볼록거울!
세상에 절여진 눈 단내가 나도록 깎고 깎아야
자신이든 적이든 먹잇감이든 제대로 보이는 법
같은 태생이면서도 짐짓
잘못한 것도 없으면서 손 비빈다고
날마다 닦아야 할 죄가 무어 그리 많으냐는 뾰르퉁한 입들에게

페일언하고
눈알부터 깎으라고
부신 햇살 떠받치며 용맹정진하는
파리 대왕, 파리 마마들
소리들이
천둥같이 쏟아진다

# 닭과 모란
— 종이에 채색, 49×31cm 일본 구라시키 민예관 소장


긴 목의 꽃병에는 모란이 비스듬히 꽂혀 있다
부는 바람에 줄기가 마악 흔들린다
꽃도 피지 않은 걸 왜 꽂았을까
한숨처럼 낮게 깔리는 의문은
그리 오래 가진 않는다
마치 꽃의 길을 안다는 듯
목 길게 뽑은 꺼벙한 수탉 한 마리 모란잎 뒤에
쓰윽, 들어선다
내 굳은 머릿속을 반죽하며
불그스레한 꽃숭어리가
모란 잎새 뒤에서 바르르르 떤다
비릿한 생을 환하게 얹은
저 수줍은 모란 근처에서
꽃과 벼슬의 구분은 얼마나 시시한가
어정쩡 몸을 뺀 연금술사의 목부터 쳐야 꽃이지, 하는
말의 꽃대는 얼마나 딱딱한가

해설

이승하

# 고요함 속에서 생명을 키우는 것들

이승하 (시인)

이 시집을 손에 들고 계신 독자 여러분께.

잘 지내고 계십니까?

제3시집 해설의 글을, 저를 지목하여 써달라고 손진은 시인께서 직접 부탁의 전화를 해오셨습니다. 뵌 지도 무척 오래되었고, 소식도 궁금하던 차 청탁의 전화를 받고 반가운 마음에 덜컥 써보겠노라고 말씀드렸지만 번잡한 일에 시달리느라 몇 주째 마음의 빚을 내려놓지 못하고 있는 중입니다.

등단 연도를 헤아려보니 그간 손 시인의 시작 활동은 무척 조심스러웠습니다. 1987년 동아일보 신춘문예에 「돌」이란 시가 당선되어 등단한 이후 1992년에 첫 시집을 냈고 1996년에 두 번째 시집을 냈습니다. 등단 5년 만에 첫 시집을 낸 것이나 제1시집과 제2시집 사이가 4년인 것은 적당한 간격인데 제2시집 『눈먼 새를 다른 숲에 풀어놓고』를 낸 이후 무려 15년 만에 제3시집을 준비하고 있습니다. 15년 동안 시집을 내지 않은 데는, 또 15년 만에야 제3시집을 내고자 하는 데는 무슨 이유가 있지 않을까요? 궁금했습니다만 전화를 해서 물어보지는 않았습니다. 다만 손진은 시인처럼 시집 한 권을 내도 신중하게, 철저한 자기 점검이 있은 다음에야 내는 것을 본받아야 하겠습니다.

시집은 총 4부로 이루어져 있습니다. 1부 13편, 2부 15편, 3부 15편, 4부 14편 모두 57편입니다. 시집 제목이 '고요 이야기'이므로 제목이 같은 이 시부터 보고자 합니다.

> 감자를 캐는 밭
> 벼논을 향해 집개가 짖는다
> 팔월 벼 자라는 소리에
> 개가 아는 체한다는 곁의 어머니 말씀
> 그 고요와 사랑이 만들어내는
> 소란의 맨얼굴을

> 나보담도, 줄기를 끌어당길 때마다
> 숨겨진 얼굴들 속속 딸려 나오는 걸 솔깃해 하는 나보담도
> 멍청하게 먼 곳만 쳐다보는 듯한 네가 더 잘 알고 있다니
> 늙은 개가 짖어댄다
>
> ―「고요 이야기」 앞부분

일단, 감자를 캐고 계신 시인의 어머니를 떠올려봅니다. 벼논을 향해 늙은 집개가 짖어대고 있군요. 개가 짖어대니 결코 고요하지 않은데, 시인은 "그 고요와 사랑"을 이야기합니다. 어떤 고요일까요? "팔월 벼 자라는 소리"가 바로 고요입니다. 벼의 키가 커가듯이, 감자알이 굵어지듯이 식물은 자연의 이법을 잘 따르고 있습니다. 이런 것을 가리켜 '순리'라고 하지요. 식물은 순리대로 살아갑니다. 씨가 자리 잡은 그 땅에서 식물들은 뿌리를 내리고 살다가 그 땅에서 죽습니다. 인간인 나보다 말 못하는 개가 식물의 순명을 더 잘 알고 있다는 것입니다. 조금 더 읽어볼까요.

> 몇 바지게씩의 뜨건
> 햇살 경전에 몸 파랗게 칠하며
> 끙끙 아랫도리 힘줄 때 내는
> 벼들 성장의 신음에 개가 서늘히 내통하고 있다
> 저 잎잎마다 들썩이는 푸른 투정들 위에

그의 발등 간질이는 자잘한 음절들을 더하고 있다
그 내통에서 밀려나 있는 내 뒤틀린
심사를 안다는 듯이
한 번씩 내 쪽도 봐가면서
흩어지는 푸른 음절로 내 심장을 긁어대고 있다

개가 짖는 이유는 "아랫도리 힘줄 때 내는/벼들 성장의 신음"에 개가 서늘히 내통하였기 때문입니다. 그것은 확실한 소리이고, 벼는 잎잎마다 '푸른 투정들'을 들썩입니다. 고요하게 자라는 듯하지만 잎잎들이 제 나름대로는 성장통과 산고를 앓고 있었다는 뜻이겠지요. 벼와 개는 '내통'합니다. 화자는 그들의 내통에 심사가 뒤틀려 있는데, 개는 그것도 아는 양 "한 번씩 내 쪽도 봐가면서/흩어지는 푸른 음절로 내 심장을 긁어대고" 있습니다. 벼와 개의 내통에 인간이 뒷전에 나앉은 이 상황이 재미있습니다. 이 시는 그러니까 개가 등장하는 우화이며 점잖은 인간 풍자입니다. 시를 마저 읽어보겠습니다.

그 소린 마침내 감자를 파헤치는 호미로 손등 긁어
감춰둔 내 붉은 몇 소절의 노래 흙살에 섞게 하고
무슨 생각하는 게야
어머니 안쓰런 눈빛이 벌게진 내 손등을 쓰다듬고서야
개와 벼, 아참, 어머니까지 거들어 만드는 그 풍경에 겨우

바짓단 걷고 들어갈 수 있었던가
팔월 나락밭을 개가 짖는다
들판 흔들고 하늘 자잘하게 부수는 그 소릴 먹으며
나락은 절정의 생 흔들며 자란다
살을 데우는 팔월의 대낮이 만드는 고요의 허파 속에선
개들도 벼들의 노랠 들을 줄 안다

    화자는 감자를 계속 캐야 하는데 개와 벼의 내통에 마음이 빼앗겨 일이 손에 잡히지 않습니다. 그때 어머니가 "무슨 생각하는 게야" 하고 정신 좀 차리라고 말합니다. 개는 계속 짖어대고, "들판 흔들고 하늘 자잘하게 부수는 그 소릴 먹으며" 나락은 "절정의 생을 흔들며" 자랍니다. 식물과 동물은 이심전심 교감을 나누는데, 만물의 영장이라는 인간은 그 사이에서 '바보' 같습니다. 시인은 고요를 다시 말합니다. "살을 데우는 팔월의 대낮이 만드는 고요의 허파"를 말입니다. 그 허파 속에선 개들도 벼들의 노랠 들을 줄 안다고 합니다. 벼가 겪는 고요, 벼가 느끼는 고요가 그냥 고요가 아님을 알고선 짖어대는 늙은 개, 그 개와 벼의 교감에 쑥스러워하는 시인, 이것이 '고요 이야기'가 아닐까요. 벼의 고요는 '靜中動'이라고 할 수 있을 것입니다. 바람 부는 대로 흔들리는 벼 잎사귀이지만 아파하면서 나락을 키우고 있고, 개가 짖어대는 이유를 시인은 또한 알고 있습니다. 고요 이야기를 하나 더 들어봅시다.

곰작 않고 죽은 체하는
한 마리의 고요를 본다

공기들을 일순 긴장시키며
물질이 된 놈의 태연

한낮의 정적과 바람 햇살을
상처로 덮은 채
놈은 격렬하게 떨고 있을 것이다
(마음이 있다면 금 갔을 것이다)

몸뚱이 온통 귀로 만든
저 번지는 선들의 소용돌이
무정부주의자처럼 흔드는 섬모들

―「고요, 격렬한」 전반부

 이 시는 '내 발 앞의 배추벌레'라는 부제를 갖고 있습니다. 화자의 발 앞에 한 마리 배추벌레가 죽은 체하고 있습니다. 그 모습을 "공기들을 일순 긴장시키며/물질이 된 놈의 태연"이라고 재미있게 표현했군요. 하지만 그것은 겉으로 드러나 있는 배추벌레의 모습일 뿐이고, 실은 "한낮의 정적과 바람 햇살을/

상처로 덮은 채/놈은 격렬하게 떨고 있을 것"인지도 모릅니다. 4연은 배추벌레가 처해 있는 상황, 그 절체절명의 위기를 아주 멋지게 표현하고 있습니다. 사방이 고요하지만, 배추벌레로서는 자기 목숨이 어떻게 될지 모르는 대단히 위태로운 상황이지요.

> 허나 웬걸
> 겁먹은 마음 같은 건 놔둔 채
> 전신으로 빛과 그늘 대기와 어울리는
> 저 몸속,
> 타고 있는 불의 싹들
>
> 몇 칸의 열린 창窓으로
> 나뭇잎들의 옷자락이
> 초록을 헹구러 다가서다!
> 뒤이어 구름도 몇……

이어지는 두 개의 연을 보니 배추벌레는 몸과 마음이 따로 놀고 있습니다. 마음은 겁에 질려 있는데 몸(전신)은 빛과 그늘, 대기와 어울려, 몸속에는 "타고 있는 불의 싹들"이 있습니다. 초록 채소를 갉아먹어 온몸이 초록인 배추벌레, 자연의 일부였고 자연 그 자체인 배추벌레.

직물처럼 짜인 고요의 허벅지 슬쩍 당겨
한 줄에 꿴 꿈틀 산맥
앞의 그늘 휙 돌아보며 가로질러 간다

말들은 품은 채
땅 쥐었다 놓았다
하늘 당겼다 놓았다 하면서

내 몸속 창窓엔
우르릉 쾅쾅 천둥소리도 쑤셔박으면서

   시의 후반부입니다. 배추벌레는 사람이 눈앞에서 사라질 때까지 쥐 죽은 듯이 있지 않고 탈출을 시도합니다. 그런데 그 장면을 묘사하는 표현이 대단히 역동적입니다. '배추벌레가 온몸으로 기어간다'를 "직물처럼 짜인 고요의 허벅지 슬쩍 당겨/한 줄에 꿴 꿈틀 산맥/앞의 그늘 휙 돌아보며 가로질러 간다"로 표현했으니, 역시 손진은 시인은 시적 표현의 연금술사입니다. 작은 배추벌레 한 마리의 움직임을 "땅 쥐었다 놓았다/하늘 당겼다 놓았다 하면서"라고 묘사한 것이나, 그 움직임으로 말미암아 "내 몸속 창窓엔/우르릉 쾅쾅 천둥소리도" 쑤셔박게 되었다고 상상하는 것이나 대단한 시적 발견입니다. 과장이 지나치다고 볼 수도 있겠지만 이런 과장이 어느 정도 필요한 것이 시의 세계지요. 사람 눈에 띈 배추벌레 한 마리가 잠시 망설이다가 너무나도 '고요하게' 사람의 눈길을 피해 어디론가 기어갔을 따름이지만 시인의 '몸속 창'에는 천둥소리가 울렸으니, 그 고요는 곧 "격렬한 고요"입니다.

이 두 편만 읽어보아도 손진은 시인이 이번에 내는 시집에서 지향하는 세계가 대충은 파악이 됩니다. 시인은 오랜 세월 주변의 사물들을 유심히 관찰하여 그것의 생명력이나 존재 의의를 탐색하는 작업을 해왔던 것이 아닐까요. 시집 앞자리에 놓여 있는 시 「만두―시를 위하여」를 보십시오. 만두조차도 "해와 달 그림자와 이슬,/천천히 그들 키운 것들의 상처와 고통, 한숨도/둥글게 아름작거리는 마음의 형상"이라고 했습니다. 만두를 빚어 쪄내는 과정이나 시 한 편을 구상하여 완성하는 과정이나 다를 바가 없군요. 사물을 새롭게 인식하여 새롭게 표현하는 것이 시일진대 우리는 아무 생각 없이 만두를 먹듯이 시를 읽어온 것이 아닐까요. 한 개의 만두가 만들어지기까지 만두를 이루는 것들의 생장 과정을 생각해보십시오. 마늘과 파도 수많은 날, 폭풍우의 밤과 뙤약볕의 한낮을 견뎌야 했을 테지요.

뾰족한 잎사귀를 갖고 있는 소나무는 시인이 보건대 "공기의 피를 마시고/똑, 뚜두둑,/한가하게 허리둘레와 키를 늘이는,/그러면서도 피의 굳기름 파리 떼가 아니라/속삭이는 향기의 꽃 솔솔 뿌리는/푸른 눈의 저 무사武士"(「유쾌한 검객」)입니다. 그런데 소나무와 달리 포도들은 전혀 유쾌하지 않습니다. "팅팅 붇은 우울의 안구 앞"에 놓여 있는, "포개진 칸 안에 앉은"(「포도들」) 출옥수와 다를 바 없습니다. 포도알을 밀사나 수인으로 본 것 또한 새로운 시각이라고 여겨지는데, 출옥을 해도 심드렁하다니 이 땅에는 옥살이를 계속하고 싶어 하는 사람이 많다는 뜻일까요. 만두와 포도를 다룬 시가 그렇듯이, 반드시 그 사물 자체만을 노래하고 있지 않은 것이 손진은 시의 특징이라고 할 수 있습니다. 1부에 나오는 「수국」, 「봄동배추」, 그리고 "한겨울 어린 보리"를 다룬 「길」이 그렇지요. 자연을 노래하고 있는 듯하지만 자세히 들여다보면 인간세상에 일어나는 갖가지 삶의 양태를 보여주기 위해 사물을 소재로 끌어와 쓴 것임을 알 수 있습니다.

이러한 기조는 2부의 시편에서도 계속됩니다. 「진주 목걸이」는 잔 구슬 찰랑거리는 목걸이를 보고 겉멋 부린다고 나무란 '당신' 때문에, 저자를 떠나 항구로 산골로 떠돈 아낙의 이야기이므로 모파상의 소설이 생각납니다. 도서관 바닥에 쏟아진 동전을 다룬 「푸른 눈들」로 2부는 끝나는데, 그 가운데 제 마음을 제일 크게 움직인 「어떤 부활」을 읽어봅시다.

고향집 잿더미 옆
담 구멍 숭숭 뚫린 변소

내 발밑에서 그들은 올라오고 있었다

발효 단지의 비탈을 한 놈이 떨어지면
다음 놈이 기어오르는 저 끔찍한 집요함에
제법 느긋이 신문을 보는 내 한 눈이 미끄러져 내려간다

저 뻘가의 자식들은
냄새가 무언지도 모른다
더욱 제가 옮긴다는 더러운 병명病名도

—「어떤 부활」 전반부

    재래식 변소에 가서 내려다보면 파리의 애벌레인 구더기의 천국이지요. 구더기가 이 시의 주요한 대상 사물입니다. '발효 단지'는 똥 무더기인데 거기를 기어오르는 구더기의 모습이 적나라하게 그려져 있습니다. 거기가 삶의 터전인데 누구를 원망하겠습니까. 그런 구더기가 때가 되면 젖은 날개를 털며 제 무덤을 뚫고 나옵니다. 인간의 입장에서는 미물에 지나지 않는 구더기들이지만 생에 대한 집착이 대단합니다.

마침내 그들은 제 무덤 뚫고
젖은 날개를 턴다
항공학교도 나오지 않은 것들이

    기압도 모르는 것들이 빙글빙글 돌며
    햇살이며 공기 바람과도 금세 친해진다
    제법 연한 그늘도 흩뿌려댄다

    우화하지 못하는 나는 배알이 틀려
    아직도 놈들이 더럽다는 선입견의 몸뚱이에 깔려
    뾰루퉁해진 입으로 이 글을 쓴다

    사실 처음 그곳에 앉았을 때
    내 시는 아래 행으로 시작되고 있었다

    놈들은 시시포스를 연상시킨다
    　　　　　　　　　　　　　　－「어떤 부활」 후반부

 구더기조차도 때가 되면 갖은 노력 끝에 날개를 달고 하늘을 비상하거늘 우화하지 못하는 화자는 배알이 뒤틀립니다. 시시포스처럼 갖은 노력 끝에 얻어낸 것이기에 시인은 이런 변태를 '어떤 부활'이라고 했습니다. 그런데 시가 종반부로 가면서 하나의 시론으로 탈바꿈합니다. 구더기의 생에 대한 집착이 시시포스를 연상시키는데 나의 시작詩作은 무사안일이라고 자책하고 있는 듯합니다. 「누에들」에서도 "그때 말의 군대가 쳐들어 온다/그들은 죽음을 발표시킨 시를 짰던 것이다"

고 하면서 자신의 궁극적인 행위를 시작에 두고 있음을 밝히고 있습니다.

시인은 환유법을 잘 구사하는데, 「벌게진 귀」 「섭섭한 집」 「학교 주차장의 꽃들」 「덩굴들」 「뱀」 「저 바케쓰」 「푸른 눈들」 등이 다 겉으로 드러난 것과 시인이 표현하고자 한 것과는 일정한 거리를 두고 있습니다. 대개, 생명을 가진 것들에 대한 관심과 애착이 주제의 대부분을 이루고 있습니다. 두 편만 잠시 봅니다.

중풍으로 남편 일찍 떠나보내고
자식들마저 자주 찾지 않는 집 지키며
늙은 소 한 마리를 키우는
저 집의 주인!

―「저 바케쓰」 끝부분

도서관 바닥에 동전이 쏟아졌다
호주머니 속 얌전히 담겨 있던 그들이 일순
내지르는 천둥 같은 소리
쏟아지는 무수한 눈들을 감당하느라
짐승이 돼버린 다른 한 눈의 초조를 딛고
그들은 실내의 공기를 달구며
뜨거운 길들 마구 끌고 다닌다

―「푸른 눈들」 앞부분

마당가 그늘 속에 버려져 있는 누런 양철 바케쓰는 시인이 보건대 그 집의 주인입니다. 의인화를 한 이유에 대한 설명이 바로 한 편의 시가 되었습니다. 조용한 도서관 바닥에 쏟아진 동전들이 내는 소리는 얼마나 요란했을까요. 화자는 이때 타인의 눈을 증오로 이글대는 푸른 눈이라고 했습니다. 이런 식의 환유는 이번 시집에 차고 넘칩니다.

3부에는 꽃을 대상으로 한 시가 많이 보입니다. 4부의 시는 시간에 대한 명상 내지는 철학이라고 할 수 있을 것입니다. 허용된 지면이 얼마 남지 않았으므로 각 부의 대표작을 한 편씩 가려 소감을 적어보고자 합니다.

> 얼마 안 되는 교인 탓에
> 어린것 맡기고 성가대로 나선 새댁들
> 다른 아줌마의 등에서
> 제 엄말 알아본 아기들이
> 설렘과 아쉬움 반쯤씩 버무린 눈망울 보낼 때
> 지휘자에게서 한 번씩 눈 뗀 그녀들
> 환하게 핀 눈 안쪽에서
> 긴 팔 보내 제 아이를 껴안고
> 그때마다 두 표정 겹상으로 받은
> 목사님, 성도들의 얼굴에 일렁이는

저 저 저 안복眼福으로 들썩이는 공기들

―「어떤 예배」 앞부분

여기까지는 정황에 대한 친절한 설명입니다. 운문의 형식이지만 산문조로 전개되는 조금은 색다르고 조금은 어색한 장면이지요. 아기들과 새댁들 사이에 오가는 눈빛을 생각해보십시오! "저 저 저 안복眼福으로 들썩이는 공기들"은 손 시인의 능력이 십분 발휘된 행이요 문장입니다. 후반부에 가서 「어떤 예배」는 비로소 시가 됩니다.

> 노래, 그 새부리 같은 입술들이
> 눈썹같이 연한 길 물어다가 쌓고 물어다가 쌓을 때
> 고걸 베먹으며 까닥이는 아기 발가락
> 파르르 등뼈 세우는 잠들
> 노래는 끝났지만
> 펼쳐져 날며 수런거리는 고요의 포기들
> 잠든 몸에서 품으로 달려가는 마음 몇 소절도 숨결로 떠서
> 막무가내
> 성도들 귓가와 목덜미께로 따순 꽃 피워 올리는 것이었다
>
> ―「어떤 예배」 뒷부분

이윽고 예배가 끝나 아기들은 새댁들의 품안으로 돌아갔을

것입니다. 그런데 그 과정에서 독자는 어린 생명체들의 모습을 연상하며 모성과 생명력의 위대함을 새삼 느끼게 됩니다. 결국, 손진은의 시는 생명체의 생명력에 대한 예찬이 아니겠습니까.「해바라기」「영덕 복사꽃」「목련 1」「목련 2」「목련 3」「산수국」「콩나물」「밤, 배롱나무」 같은 식물을 다른 시들도 그렇지만 「거미집」 같은 시도 궁극적으로는 생명체의 생명의식을 다룬 시로 읽혀집니다. 「사랑」의 마지막 두 연을 보십시오.

> 우리들 마음의 나이테도
> 끝없이 벗어나려는 이를 한사코
> 불러들이는지
>
> 종아리 생채기 자국 아직 선명한
> 저 나무가 낳아논
> 염소 뿔처럼 구부러진 뿌리의 화염이 참 팽팽하다
>
> —「사랑」 끝부분

'사랑'이란 낱말은 이 세상에서 가장 흔한 것이기도 하지만 한편으로 가장 모호한 낱말이기도 합니다. 모호하기도 하지만 관념적이기도 한 '사랑'을 시인은 소나무 뿌리와 염소와의 관계를 통해 구체적으로 풀어냅니다. '시간에 대한 명상' 중 대표작으로 꼽을 수 있는 시를 봅시다.

> 저물면 누구나 그곳에 닿는다지만
> 무덤이 여우처럼
> 머리 위를 쑥쑥 넘어가는 때가 있다
> 나주 반남 복암고분군 앞
> 살구꽃잎 하르르
> 살구나무 벗고 떨어질 때
> 일천오백 년이 꽃잎 한 장 두께로
> 가슴 수로 헤엄쳐 들어오고
> 바람은 자주 잔디 훑는 햇살 알갱이 떼어놓는다
>
> ―「무덤은 시간을 넘는다」 앞부분

나주에 있는 반남 복암고분군 앞의 살구나무에서 꽃잎이 떨어집니다. 일천오백 년 전 여기서 떨어진 꽃잎이 지금의 꽃잎과 같을 수는 없습니다. 하지만 인간에게는 그때의 꽃잎이나 지금의 꽃잎이나 다를 바 없습니다. 시인의 생명에 대한 인식은 이와 같이 시공을 초월합니다. 화무십일홍이지만 꽃은 또 피어나는 법, 생이 허무하다고 생각할 까닭이 없습니다. "문 두드리는 햇살에/두근거리는 완두들 뛰쳐나오"고, "오래된 기억처럼/무덤은 오늘도 슬프게 시간을 훌쩍 넘는다"고 하셨네요. 시간은 지금 이 순간의 모든 생명체를 무기물로 바꾸는 엄

청난 힘을 발휘하지만, 생명체는 시간에 대한 공포감을 느끼지 않고, 살아 있으므로 더 살려고 애씁니다.

손진은의 이번 시집에는 젊은 시인들과 같은 재기발랄한 상상력이나 낯설음을 가미한 실험성은 보이지 않지만 허투루 쓴 시가 보이지 않습니다. 그만큼 견고한 자기만의 시세계를 지향하고 있다고 봐야겠지요. 이번 시집으로 15년 동안의 은인자중은 끝난 것이고, 이제부터 배전의 각오로 새로운 시의 밭을 갈아야 할 것입니다. 저는 앞으로도 여러 독자분들과 더불어 손 시인의 시적 행보를 유심히 살펴볼 것입니다.

시인시각시선 006
고요 이야기

ⓒ 손진은 2012

초판발행 2011년 11월 20일　2쇄발행 2012년 1월 30일
지은이 손진은　펴낸이 김충규　펴낸곳 **문학의전당**
디자인 이효숙(fbicafe@naver.com)
출판등록 제387-2003-00048호(2003년 9월 8일)
주소 420-752 경기 부천시 원미구 상동 392 한아름마을 1511-1603
편집실 121-718 서울시 마포구 공덕2동 404 풍림VIP빌딩 413호
전화번호 02-852-1977　팩시밀리 02-852-1978
블로그 http://blog.naver.com/mhjd2003　전자우편 mhjd2003@naver.com

ISBN 978-89-97176-11-3　03810

\*이 책의 판권은 지은이와 **문학의전당**에 있습니다.
\*양측의 서면 동의 없는 무단 전재 및 복제를 금합니다.
\*잘못된 책은 바꿔드립니다.